Bâtonnets glacés

Sunil Vijayakar

Bâtonnets glacés

Sunil Vijayakar

Copyright © Parragon Books Ltd
Chartist House
15-17 Trim Street
Bath, BA1 1HA
Royaume-Uni

Édition française
Copyright © 2013:
SP Éditions
64, rue Tiquetonne
75002 Paris
France

Édition : Pene Parker et Becca Spry
Textes et recettes : Sunil Vijayakar
Photographies : Karen Thomas

Réalisation : *In*Texte, Toulouse
Traduction : Chantal Mitjaville

ISBN : 978-2-36396-076-4

Imprimé en Chine

Note aux lecteurs

Une cuillerée à soupe correspond à 15 à 20 g d'ingrédients secs et à 15 ml d'ingrédients liquides.
Une cuillerée à café correspond à 3 à 5 g d'ingrédients secs et à 5 ml d'ingrédients liquides.

Les mentions de durée sont données à titre indicatif. Le temps de préparation peut varier selon les techniques
utilisées, comme la durée de cuisson. L'ajout d'ingrédients facultatifs, les variantes de préparation
et les suggestions de présentation ne sont pas pris en compte dans l'estimation des durées indiquées.

Les temps de préparation et de cuisson des recettes pouvant varier en fonction, notamment, du four utilisé,
ils sont donnés à titre indicatif.

La consommation des œufs crus ou peu cuits n'est pas recommandée aux enfants, aux personnes âgées, malades
ou convalescentes et aux femmes enceintes.

Sommaire

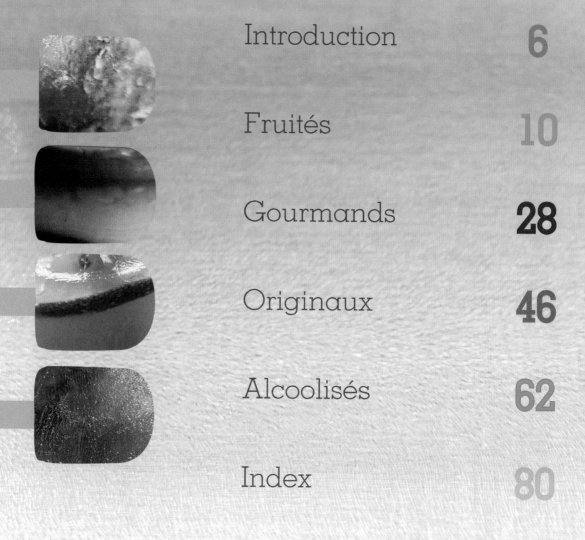

Des créations personnalisées

Tout a commencé à San Francisco en 1905, le jour où Frank Epperson, âgé de 11 ans, oublia sous la véranda de sa maison une tasse de préparation sucrée à base d'eau gazeuse avec un agitateur plongé dedans. La nuit fut glaciale et, à son réveil, le jeune Franck découvrit un « bâtonnet glacé ».

L'histoire fit le reste… Aujourd'hui, les bâtonnets glacés conjuguent toutes les formes, tailles, parfums et couleurs, des plus simples à base de jus de fruit, aux plus élaborées, alternant couches de couleurs et de parfums.

Un équipement basique suffit à réaliser en un tournemain de délicieuses friandises pour toute la famille. De quoi partager un moment privilégié avec vos enfants, en vous amusant à créer des bâtonnets glacés aux parfums, textures et formes de votre choix.

Sirop de sucre

Presque tous les fruits et parfums se prêtent à la réalisation de bâtonnets glacés, mais la congélation exige le respect de quelques règles élémentaires. Le secret de bâtonnets glacés à la texture à la fois lisse et onctueuse est l'ajout de sirop de sucre. Ce dernier réduit le point de congélation de la préparation et lie les cristaux de glace. Dissoudre ou mélanger le sirop de sucre aux ingrédients répartit uniformément les parfums. Ci-dessous, une recette simple et rapide de sirop de sucre.

Pour : 250 ml	❋ **90 g de sucre en poudre**
Préparation : 5 minutes	❋ **200 ml d'eau**
Cuisson : 8 à 10 minutes	
Repos : 1 heure	

1. Mettre le sucre et l'eau dans une petite casserole et cuire 6 à 8 minutes à feu doux sans cesser de remuer, jusqu'à ce que le sucre soit dissous.

2. Porter ensuite à ébullition à feu vif, puis laisser mijoter 3 à 4 minutes à feu moyen.

3. Retirer la casserole du feu, couvrir et laisser refroidir complètement.

4. Conserver 1 semaine au réfrigérateur dans un récipient hermétique.

Ustensiles

Simples à réaliser, les bâtonnets glacés font appel à un équipement basique. En dehors des moules et des bâtonnets, l'ustensile indispensable reste le robot de cuisine, qui réduit en purée les préparations à base de fruits. Pour obtenir une purée de fruits plus onctueuse, un tamis à toile métallique facilitera l'élimination des peaux et pépins. Enfin, incontournable, le congélateur !

Moules

Vente en ligne, supermarchés, boutiques spécialisées… Les moules à bâtonnets glacés ont envahi les rayons. On trouve toutes les tailles et formes, mais rien ne vous empêche de faire preuve d'inventivité en utilisant des récipients supportant la congélation, mais conçus pour d'autres usages (ramequins métalliques, coupelles à muffins, moules à tartelettes, coupelles en papier, pots de yaourts recyclés ou petits verres hauts et étroits…). Seule contrainte : vérifier que le sommet du moule soit plus large ou de diamètre égal à celui du fond, ce qui permet de démouler facilement les bâtonnets glacés.

Bâtonnets

Presque tous les moules à bâtonnets glacés sont proposés avec des bâtonnets. Dans le cas contraire, acheter des bâtonnets en bois dans une boutique de loisirs créatifs ou en ligne. L'achat de bâtonnets en lots se révèle plus économique. Et pourquoi ne pas utiliser de longs bâtons de cannelle ou des tiges de céleri pour apporter une touche fantaisie ?

Techniques et astuces

Insertion des bâtonnets

Avec les moules du commerce, proposés avec leurs propres bâtonnets en plastique, se reporter aux instructions du fabricant. Si les moules sont dépourvus de bâtonnets, opter pour des bâtonnets spatules en bois, à condition de les maintenir en place le temps que la préparation prenne. La solution la plus simple et la plus efficace est de couvrir les moules de papier aluminium après leur remplissage, puis de pratiquer une entaille au centre avant d'insérer les bâtonnets. Si la préparation est trop liquide, placer les moules 1 heure environ au congélateur, le temps de figer la préparation, puis insérer les bâtons et remettre les moules au congélateur.

Remplissage des moules

Sous l'effet de la congélation, la préparation contenue dans les moules se dilate, d'où la nécessité de laisser un intervalle libre de 5 à 15 mm au sommet des moules. Ne pas oublier que certaines préparations à base de boissons gazeuses abritent bien plus d'air que les mélanges plus denses, à base de purée de fruits ou de crème. Elles auront donc tendance à se dilater davantage.

Ajout d'alcool

Le point de congélation de l'alcool étant plus bas que celui de l'eau, mieux vaut ne pas intégrer une trop grande quantité d'alcool, au risque d'obtenir une glace à texture pailletée. Les recettes alcoolisées présentées ici et signalées par ce pictogramme sont réservées aux adultes.

PLUS DE
18
ANS

Démoulage des bâtonnets glacés

Plonger les moules quelques secondes dans de l'eau chaude, puis retirer délicatement le moule, tout en maintenant le bâtonnet ou envelopper le moule d'un torchon propre imbibé d'eau chaude, jusqu'à ce que le bâtonnet glacé se démoule aisément.

Ne vous limitez pas aux recettes de cet ouvrage… Soyez créatif et laissez l'imagination s'emparer de votre cuisine !

Fruités

Fraises en folie

Pour : 8 bâtonnets

Préparation :
10 minutes

Congélation :
6 à 8 heures

Consommation :
3 mois

Les enfants seront fous de ces bâtonnets glacés colorés et gourmands – surtout si vous employez des moules aux formes amusantes !

* 400 ml *(14 fl oz)* de jus de cranberry
* 1 cuil. à café de zeste d'orange râpé
* 250 ml *(9 fl oz)* de sirop de sucre *(voir* page 6)
* 6 grosses fraises, équeutées et coupées en lamelles

1. Mettre le jus de cranberry, le zeste d'orange et le sirop de sucre dans un pichet et bien mélanger.

2. Verser la moitié de ce mélange dans 8 moules d'une contenance de 100 ml *(3½ fl oz)*. (Couvrir le mélange restant et le réserver au réfrigérateur.)

3. Répartir équitablement la moitié des lamelles de fraises dans les moules. (Couvrir les fraises restantes et les réserver au réfrigérateur.) Insérer les bâtonnets *(voir* page 8) et mettre au congélateur 3 à 4 heures, jusqu'à ce que le mélange soit bien glacé.

4. Verser le mélange au jus de cranberry restant dans les moules, ajouter les fraises restantes et remettre au congélateur 3 à 4 heures, jusqu'à ce que les glaces aient pris.

5. Pour démouler les glaces plus facilement, plonger d'abord les moules dans de l'eau chaude.

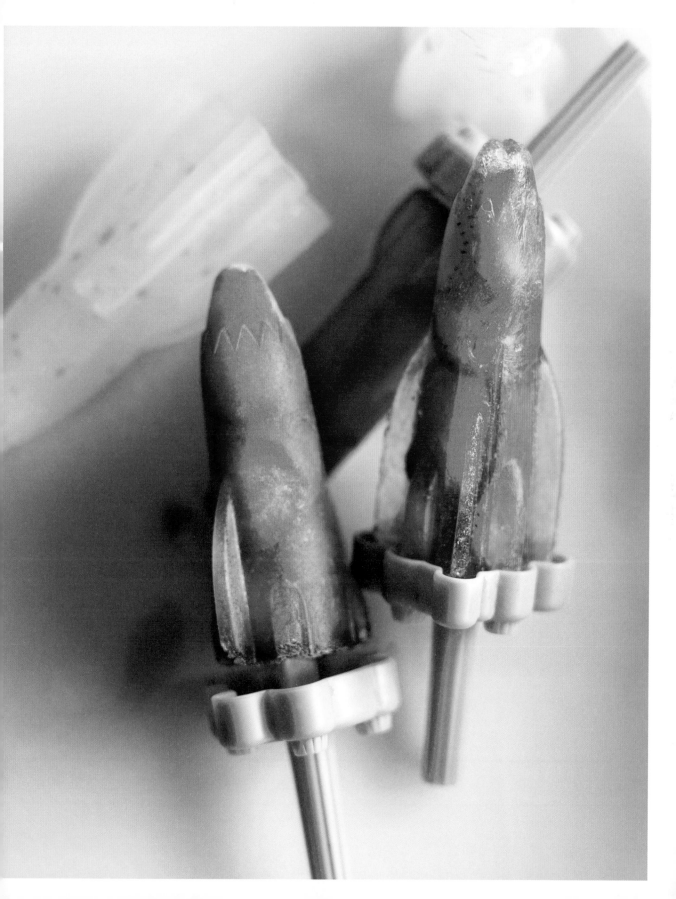

Limonade glacée aux myrtilles

Pour : 8 bâtonnets

Préparation :
10 minutes

Congélation :
4 à 5 heures

Consommation :
3 mois

Préparer ces adorables petits bâtonnets lorsqu'il fait bien chaud. Vous pouvez varier les baies employées pour rendre la recette encore plus amusante.

* 500 ml *(18 fl oz)* de limonade rose, bien froide
* jus d'un demi-citron
* 100 ml *(3½ fl oz)* de sirop de sucre *(voir page 6)*
* 150 g *(5½ oz)* de myrtilles

1. Verser la limonade, le jus de citron et le sirop de sucre dans un pichet et bien mélanger.

2. Répartir équitablement les myrtilles dans 8 moules d'une contenance de 100 ml *(3½ fl oz)*.

3. Verser le mélange à base de limonade sur les myrtilles. Insérer les bâtonnets *(voir* page 8) et mettre au congélateur 4 à 5 heures, jusqu'à ce que les glaces aient pris.

4. Pour démouler les glaces plus facilement, plonger d'abord les moules dans de l'eau chaude.

Bâtonnets glacés aux fruits d'été

Pour : 8 bâtonnets
Préparation :
10 minutes
Congélation :
8 heures
Consommation :
3 mois

Rafraîchissants et savoureux, ces bâtonnets glacés au melon et à la pastèque redonneront le sourire à tous ceux qui souffrent de la chaleur.

* jus et zeste finement râpé d'un citron vert
* 100 ml *(3½ fl oz)* de sirop de sucre *(voir page 6)*
* 175 g *(6 oz)* de pastèque épépinée et coupée en cubes
* 175 g *(6 oz)* de melon épépiné et coupé en cubes

1. Mettre le jus de citron vert, le zeste et le sirop de sucre dans un pichet et bien mélanger.

2. Mettre la pastèque et la moitié du mélange précédent dans un robot de cuisine et mixer. Verser la préparation dans 8 moules d'une contenance de 100 ml *(3½ fl oz)*. Mettre au congélateur 4 heures, jusqu'à ce que le mélange soit glacé.

3. Mettre le melon et le mélange à base de jus de citron restant dans le robot de cuisine et mixer. Verser la préparation dans les moules. Insérer les bâtonnets *(voir* page 8) et mettre au congélateur 4 heures, jusqu'à ce que les glaces aient pris.

4. Pour démouler les glaces plus facilement, plonger d'abord les moules dans de l'eau chaude.

Bâtonnets glacés au cocktail de fruits

Pour : 8 bâtonnets
Préparation :
15 minutes
Congélation :
6 heures
Consommation :
3 mois

Ces bâtonnets glacés capturent les saveurs estivales et mettent leurs couleurs en valeur en associant pêches, kiwis et fraises.

* 200 g *(7 oz)* de fraises, équeutées
* 85 ml *(3 fl oz)* de sirop de sucre (*voir* page 6)
* 225 g *(8 oz)* de pêches mûres, pelées, dénoyautées et hachées, ou 200 g *(7 oz)* de pêches en boîte
* 4 gros kiwis, pelés et hachés

1. Mettre les fraises dans un robot de cuisine et les mixer. Incorporer un tiers du sirop de sucre. Verser cette préparation dans 8 moules d'une contenance de 100 ml *(3½ fl oz)*. Mettre au congélateur 2 heures, jusqu'à ce que la préparation soit bien glacée.

2. Mettre les pêches dans le robot de cuisine et les mixer. Incorporer la moitié du sirop de sucre restant. Verser cette préparation dans les moules. Insérer les bâtonnets (*voir* page 8) et mettre au congélateur 2 heures, jusqu'à ce que le tout soit bien glacé.

3. Mettre les kiwis dans le robot de cuisine et les mixer. Incorporer le sirop de sucre restant. Verser cette préparation dans les moules et mettre au congélateur 2 heures, jusqu'à ce que les glaces aient pris.

4. Pour démouler les glaces plus facilement, plonger d'abord les moules dans de l'eau chaude.

Bâtonnets glacés framboise-banane

Pour : 8 bâtonnets
Préparation :
15 minutes
Congélation :
7 à 8 heures
Consommation :
3 mois

Du yaourt à la vanille additionné de bananes
et de miel est ici associé à du coulis de framboise pour
créer des bâtonnets glacés aussi beaux que bons.

* 3 bananes mûres
* 100 ml *(3½ fl oz)* de yaourt
  à la vanille
* 8 cuil. à soupe de miel liquide
* 200 g *(7 oz)* de framboises

1. Peler les bananes, les mettre dans un robot de cuisine avec le yaourt et la moitié du miel, et mixer le tout.

2. Verser la moitié du mélange dans 8 moules d'une contenance de 100 ml *(3½ fl oz)*. (Couvrir le mélange restant et le réserver au réfrigérateur.) Mettre les moules au congélateur 2 heures, jusqu'à ce que le mélange soit bien glacé.

3. Mettre les framboises et le miel restant dans le robot de cuisine et mixer. Passer le mélange dans un tamis métallique pour en retirer les pépins, puis le verser dans les moules. Insérer les bâtonnets (*voir* page 8) et mettre au congélateur 2 heures, jusqu'à ce que le mélange soit bien glacé.

4. Verser le mélange à base de bananes restant dans les moules et mettre au congélateur 3 à 4 heures, jusqu'à ce que les glaces aient pris.

5. Pour démouler les glaces plus facilement, plonger d'abord les moules dans de l'eau chaude.

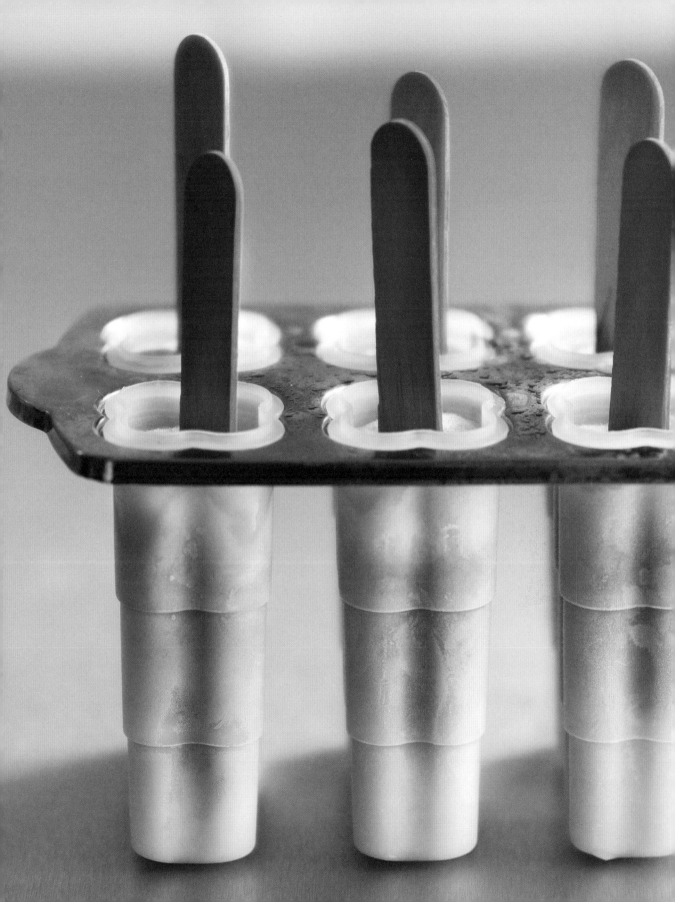

Yaourt glacé aux cerises

Pour : 8 bâtonnets
Préparation : 20 minutes
Repos : 1 heure
Congélation : 4 à 5 heures
Consommation : 3 mois

Une fois cuit avec du sucre et du zeste de citron, le cassis offre une saveur plus intense qui se marie parfaitement à celle de la cerise.

* 200 g *(7 oz)* de cassis
* 50 g *(1¾ oz)* de sucre en poudre
* zeste râpé d'un demi-citron
* 75 ml *(2½ fl oz)* d'eau
* 100 ml *(3½ fl oz)* de confiture de cerises
* 200 ml *(7 fl oz)* de yaourt à la cerise

1. Mettre le cassis, le sucre, le zeste de citron et l'eau dans une casserole et cuire 6 à 8 minutes à feu moyen à doux sans cesser de remuer, jusqu'à ce que le sucre soit dissous. Augmenter le feu et porter à ébullition, puis réduire le feu et laisser mijoter encore 5 à 6 minutes en remuant de temps en temps. Retirer du feu, couvrir et laisser refroidir complètement (environ 1 heure).

2. Réduire la préparation en purée à l'aide d'un mixeur plongeant et la transférer dans un bol.

3. Mettre la confiture et le yaourt dans un autre bol et battre à l'aide d'une cuillère métallique jusqu'à ce que le mélange soit homogène. Ajouter ce mélange à la préparation à base de cassis et remuer à l'aide d'une brochette de façon à créer un effet marbré.

4. Répartir la préparation dans 8 moules d'une contenance de 100 ml *(3½ fl oz)*. Insérer les bâtonnets (*voir* page 8) et mettre au congélateur 4 à 5 heures, jusqu'à ce que les glaces aient pris.

5. Pour démouler les glaces plus facilement, plonger d'abord les moules dans de l'eau chaude.

Glaces pep's
à la grenade

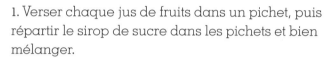

Pour : 8 bâtonnets

Préparation :
15 minutes

Congélation :
9 à 10 heures

Consommation :
3 mois

Pour préparer cette recette, vous pourrez utiliser du jus prêt à l'emploi ou presser vous-même les fruits. Coupez les grenades en deux et pressez-les, puis filtrez le jus.

* 200 ml *(7 fl oz)* de jus de grenade
* 200 ml *(7 fl oz)* de jus de pamplemousse
* 250 ml de sirop de sucre *(voir* page 6)
* 85 g *(3 oz)* de graines de grenade

1. Verser chaque jus de fruits dans un pichet, puis répartir le sirop de sucre dans les pichets et bien mélanger.

2. Verser la moitié du mélange au jus de grenade dans 8 moules d'une contenance de 100 ml *(3½ fl oz)*. (Couvrir et mettre au réfrigérateur le mélange au jus de grenade restant et le mélange au jus de pamplemousse.) Mettre les moules 2 heures au congélateur, jusqu'à ce que le mélange soit glacé.

3. Verser la moitié du mélange au jus de pamplemousse dans les moules et ajouter la moitié des graines de grenade. Insérer les bâtonnets *(voir* page 8) et mettre 2 heures au congélateur, jusqu'à ce que le tout soit glacé.

4. Verser le mélange au jus de grenade restant dans les moules et mettre au congélateur 2 heures, jusqu'à ce qu'il soit glacé.

5. Verser le mélange au jus de pamplemousse restant dans les moules, ajouter les graines de grenade restantes et mettre au congélateur 3 à 4 heures, jusqu'à ce que les glaces aient pris.

6. Pour démouler les glaces plus facilement, plonger d'abord les moules dans de l'eau chaude.

Bâtonnets glacés orange-mûre

Pour : 8 bâtonnets
Préparation :
10 minutes
Congélation :
4 à 5 heures
Consommation :
3 mois

La combinaison de mûres sucrées, d'agrumes revitalisants et d'une couleur riche séduira à coup sûr petits et grands.

* 500 ml *(18 fl oz)* de jus d'orange sanguine
* 100 ml *(3½ fl oz)* de sirop de sucre *(voir* page 6)
* 300 g *(10½ oz)* de mûres

1. Mettre le jus d'orange et le sirop de sucre dans un pichet et bien mélanger.

2. Répartir les mûres de façon équitable dans 8 moules d'une contenance de 100 ml *(3½ fl oz).*

3. Verser le mélange à base de jus d'orange sur les mûres, insérer les bâtonnets *(voir* page 8) et mettre au congélateur 4 à 5 heures, jusqu'à ce que les glaces aient pris.

4. Pour démouler les glaces plus facilement, plonger d'abord les moules dans de l'eau chaude.

Gourmands

Bâtonnets bicolores à la pêche

Pour : 8 bâtonnets
Préparation :
10 minutes
Congélation :
6 à 7 heures
Consommation :
3 mois

Les pêches doivent être bien mûres et juteuses pour être appréciées. Voici une gourmandise qui ravira les petits comme les grands.

* 150 ml *(5 fl oz)* de crème fraîche liquide, légèrement fouettée
* 2 cuil. à soupe de sucre glace
* 1 cuil. à soupe d'extrait de vanille
* 550 g *(1 lb 4 oz)* de pêches mûres, pelées, dénoyautées et concassées ou 500 g *(1 lb 4 oz)* de pêches en boîte
* 100 ml *(3½ fl oz)* de sirop de sucre *(voir* page 6)

1. Mettre la crème, le sucre et l'extrait de vanille dans et bien mélanger.

2. Verser le mélange dans 8 moules d'une contenance de 100 ml *(3½ fl oz)*. Mettre au congélateur 2 heures, jusqu'à ce que le mélange soit bien glacé.

3. Mettre les pêches et le sirop de sucre dans un robot de cuisine et mixer.

4. Verser cette préparation dans les moules. Insérer les bâtonnets *(voir* page 8) et mettre au congélateur 4 à 5 heures, jusqu'à ce que les glaces aient pris.

5. Pour démouler les glaces plus facilement, plonger d'abord les moules dans de l'eau chaude.

Fusées glacées chocolat-framboise

Pour : 8 bâtonnets
Préparation :
25 minutes
Congélation :
4 h 10 à 6 h 20
Consommation :
3 mois

Les enfants adoreront tremper eux-mêmes leurs fusées glacées dans du chocolat et les enrober de confettis en sucre.

* 400 g *(14 oz)* de framboises
* 2 cuil. à soupe de jus de citron
* 250 ml *(9 fl oz)* de sirop de sucre *(voir* page 6)
* 250 g *(9 oz)* de chocolat noir, haché
* 100 g *(3½ oz)* de confettis multicolores en sucre

1. Mettre les framboises, le jus de citron et le sirop de sucre dans un robot de cuisine et mixer. Tamiser cette préparation dans un tamis métallique, puis la verser dans 8 moules d'une contenance de 100 ml *(3½ fl oz)*. Insérer les bâtonnets *(voir* page 8) et mettre au congélateur 3 à 4 heures, jusqu'à ce que la préparation soit bien glacée.

2. Recouvrir une plaque de papier sulfurisé. Démouler les bâtonnets glacés en plongeant les moules quelques secondes dans de l'eau chaude. Les mettre sur la plaque et les remettre 1 à 2 heures au congélateur.

3. Mettre le chocolat dans un bol placé sur une casserole d'eau frémissante et le faire fondre lentement. Le retirer du feu et le laisser refroidir.

4. Répartir les confettis sur du papier sulfurisé. Plonger les bâtonnets glacés dans le chocolat pour en couvrir le tiers supérieur, puis les passer dans les confettis. Les reposer sur la plaque et les mettre au congélateur encore 10 à 20 minutes, jusqu'à ce que le chocolat ait pris.

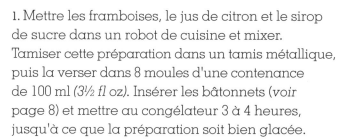

Bâtonnets tricolores à la mangue

Pour : 8 bâtonnets

Préparation :
20 minutes

Congélation :
6 à 8 heures

Consommation :
3 mois

Ces gourmandises mélangent les couleurs, les textures et les saveurs. La mangue et la fraise se marient délicieusement au yaourt à la vanille.

* 300 ml *(10½ fl oz)* de purée de mangue
* 9 cuil. à soupe de miel liquide
* 300 ml *(10½ fl oz)* de yaourt à la vanille
* 2 cuil. à soupe d'extrait de vanille
* 300 g *(10½ oz)* de fraises, équeutées

1. Mettre la purée de mangue et 3 cuillerées à soupe de miel dans un pichet et bien mélanger.

2. Verser ce mélange dans 8 moules d'une contenance de 100 ml *(3½ fl oz)* et mettre au congélateur 2 heures, jusqu'à ce que le mélange soit bien glacé.

3. Mettre le yaourt, l'extrait de vanille et encore 3 cuillerées à soupe de miel dans un bol et bien mélanger. Verser ce mélange dans les moules. Insérer les bâtonnets (*voir* page 8) et mettre au congélateur 2 à 3 heures, jusqu'à ce que le second mélange soit bien glacé.

4. Mettre les fraises et le miel restant dans un robot de cuisine et mixer. Tamiser la préparation pour en retirer les pépins, puis la verser dans les moules et mettre au congélateur encore 2 à 3 heures, jusqu'à ce que les glaces aient pris.

5. Pour démouler les glaces plus facilement, plonger d'abord les moules dans de l'eau chaude.

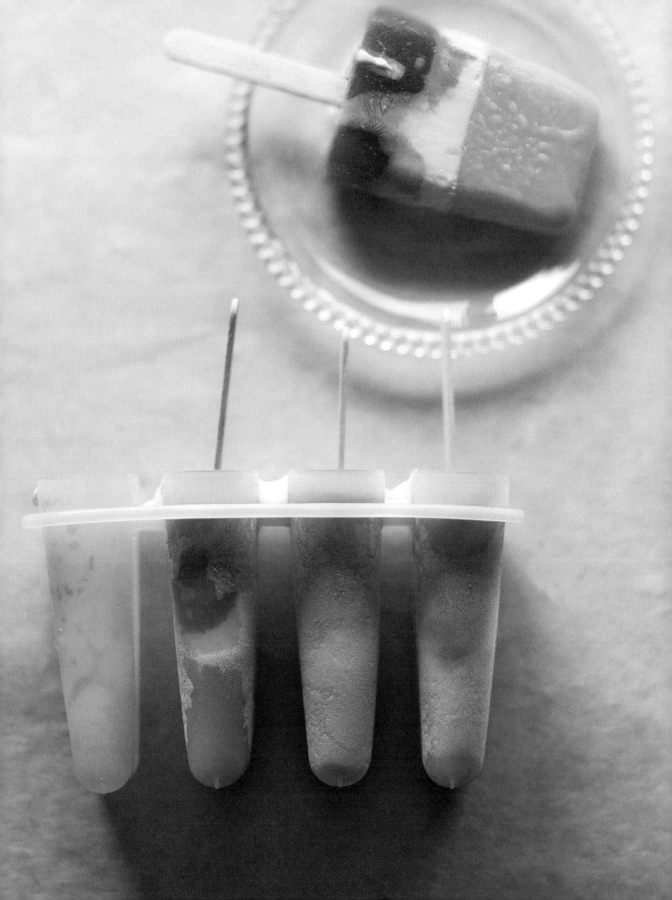

Gourmandises
menthe-chocolat

Pour : 8 bâtonnets

Préparation :
25 minutes

Repos : 1 heure

Congélation :
6 à 8 heures

Consommation :
3 mois

PLUS DE
18
ANS

Pour préparer une version sans alcool, omettez la crème de menthe et remplacez le chocolat noir par du chocolat au lait.

* 2 cuil. à soupe de crème de menthe
* 250 ml *(9 fl oz)* de sirop de sucre *(voir page 6)*
* 500 ml *(18 fl oz)* d'eau
* 1 poignée de petites feuilles de menthe
* 2 à 3 gouttes de colorant alimentaire vert
* 200 g *(7 oz)* de chocolat noir, grossièrement haché

1. Mettre la crème de menthe, le sirop de sucre et l'eau dans une casserole, puis porter à ébullition à feu vif sans cesser de remuer. Retirer la casserole du feu, couvrir et laisser refroidir complètement (1 heure environ).

2. Incorporer les feuilles de menthe et le colorant, puis verser la préparation dans 8 moules d'une contenance de 80 ml *(2½ fl oz)*. Insérer les bâtonnets *(voir page 8)* et mettre au congélateur 4 heures, jusqu'à ce que la préparation soit glacée.

3. Couvrir une plaque de papier sulfurisé. Démouler les bâtonnets glacés en plongeant les moules quelques secondes dans de l'eau chaude. Les mettre sur la plaque et les remettre 1 à 2 heures au congélateur.

4. Mettre le chocolat dans un bol placé sur une casserole d'eau frémissante et le faire fondre lentement. Le retirer du feu et le laisser refroidir.

5. Plonger les bâtonnets glacés dans le chocolat pour en couvrir le tiers supérieur. Les reposer sur la plaque et les mettre au congélateur encore 1 à 2 heures, jusqu'à ce qu'ils aient bien pris.

Yaourt glacé
à la framboise

Pour : 8 bâtonnets

Préparation :
20 minutes

Congélation :
4 à 5 heures

Consommation :
3 mois

Cette association classique de framboises et de crème garantit un résultat fabuleux. L'emploi de yaourt allège cette recette gourmande.

* 200 g (*7 oz*) de framboises
* 100 ml (*3½ fl oz*) de sirop de sucre (*voir* page 6)
* 500 ml (*18 fl oz*) de yaourt à la vanille
* 2 cuil. à soupe d'extrait de vanille

1. Mettre les framboises et le sirop de sucre dans un robot de cuisine et mixer. Tamiser cette préparation dans un tamis métallique et la mettre dans un bol.

2. Mettre le yaourt et l'extrait de vanille dans un autre bol et bien mélanger. Ajouter ce mélange à la préparation à base de framboises et remuer à l'aide d'une brochette de façon à créer un effet marbré.

3. Verser la préparation dans 8 moules d'une contenance de 100 ml (*3½ fl oz*). Insérer les bâtonnets (*voir* page 8) et mettre au congélateur 4 à 5 heures, jusqu'à ce que les glaces aient pris.

4. Pour démouler les glaces plus facilement, plonger d'abord les moules dans de l'eau chaude.

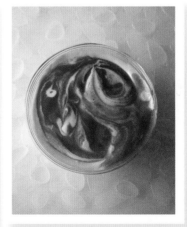

Bâtonnets glacés aux trois chocolats

Pour : 8 bâtonnets

Préparation :
14 minutes

Repos : 10 minutes

Congélation :
3 à 4 heures

Consommation :
3 mois

Gourmandises ultimes, ces bâtonnets glacés ne pourront que ravir les amateurs de chocolat, puisqu'ils mélangent chocolat noir, blanc et au lait.

* 300 ml *(10 fl oz)* de crème fraîche épaisse
* 100 g *(3½ oz)* de chocolat noir, haché
* 100 g *(3½ oz)* de chocolat blanc, haché
* 100 g *(3½ oz)* de chocolat au lait, haché

1. Répartir équitablement la crème dans 3 petites casseroles. Mettre le chocolat noir dans la première casserole, le chocolat au lait dans la deuxième et le chocolat blanc dans la troisième.

2. Chauffer chaque casserole à feu doux sans cesser de remuer jusqu'à obtention d'une consistance lisse. Laisser refroidir 10 à 12 minutes.

3. Verser la préparation au chocolat noir dans 8 moules d'une contenance de 50 ml *(1¾ fl oz)*. Ajouter délicatement la préparation au chocolat blanc, puis celle au chocolat au lait. Insérer les bâtonnets (*voir* page 8) et mettre au congélateur 3 à 4 heures, jusqu'à ce que les glaces aient bien pris.

4. Pour démouler les glaces plus facilement, plonger d'abord les moules dans de l'eau chaude.

Banana splits glacés

Pour : 8 bâtonnets
Préparation :
25 minutes
Congélation :
5 h 10 à 6 h 20
Consommation :
3 mois

L'enrobage au chocolat et à la noix de coco
met en valeur la préparation crémeuse à la banane
qui se cache dessous.

* 4 bananes
* 6 cuil. à soupe de sucre glace
* 2 cuil. à soupe de crème de coco
* 100 ml *(3½ fl oz)* de yaourt à la
  vanille
* 400 g *(14 oz)* de chocolat noir, haché
* 100 g *(3½ oz)* de noix de coco séchée
  sucrée, pour décorer

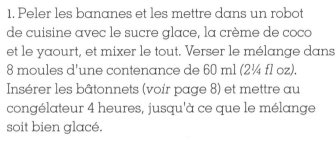

1. Peler les bananes et les mettre dans un robot
de cuisine avec le sucre glace, la crème de coco
et le yaourt, et mixer le tout. Verser le mélange dans
8 moules d'une contenance de 60 ml *(2¼ fl oz)*.
Insérer les bâtonnets (*voir* page 8) et mettre au
congélateur 4 heures, jusqu'à ce que le mélange
soit bien glacé.

2. Couvrir une plaque de papier sulfurisé. Démouler
les bâtonnets glacés en plongeant les moules
quelques secondes dans de l'eau chaude. Les
mettre sur la plaque et les remettre 1 à 2 heures
au congélateur.

3. Mettre le chocolat dans un bol placé sur une
casserole d'eau frémissante et le faire fondre
lentement. Le retirer du feu et le laisser refroidir.

4. Plonger les bâtonnets glacés dans le chocolat
fondu, les parsemer de noix de coco et les reposer
sur la plaque. Les remettre au congélateur
10 à 20 minutes, jusqu'à ce que les glaces aient
bien pris.

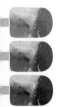

Crème glacée au chocolat

Pour : 8 bâtonnets

Préparation :
20 minutes

Congélation :
4 à 5 heures

Consommation :
3 mois

Le chocolat et la crème forment une alliance incontournable dont vous ne pourrez absolument plus vous passer.

* 200 g *(7 oz)* de chocolat noir, haché
* 500 ml *(18 fl oz)* de crème fraîche épaisse
* 100 ml *(3½ fl oz)* de sirop de sucre *(voir* page 6)

1. Mettre le chocolat et 100 ml *(3½ fl oz)* de crème fraîche dans une petite casserole et chauffer à feu moyen à doux sans cesser de remuer jusqu'à obtention d'une consistance lisse. Retirer la casserole du feu et laisser refroidir.

2. Pendant ce temps, verser la crème fraîche restante dans un grand bol et la fouetter à l'aide d'un batteur électrique jusqu'à ce qu'elle forme des pics souples. Incorporer le sirop de sucre.

3. Verser le mélange au chocolat dans le bol et remuer délicatement à l'aide d'une fourchette de façon à créer un effet marbré.

4. Répartir délicatement la préparation dans 8 moules d'une contenance de 80 ml *(2½ fl oz)*. Insérer les bâtonnets *(voir* page 8) et mettre au congélateur 4 à 5 heures, jusqu'à ce que les glaces aient pris.

5. Pour démouler les glaces plus facilement, plonger d'abord les moules dans de l'eau chaude.

Originaux

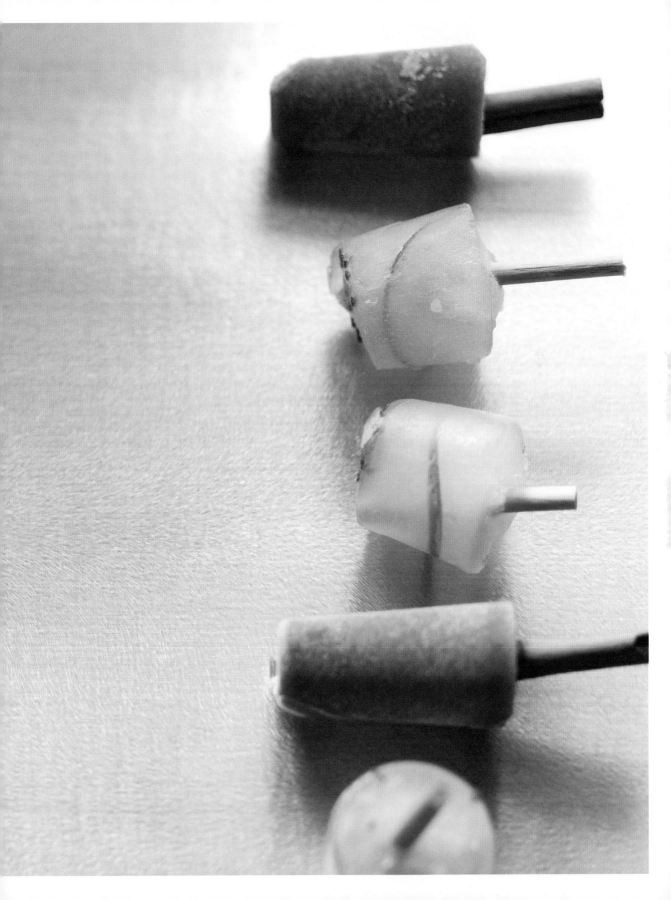

Gourmandises glacées au melon

Pour : 8 bâtonnets

Préparation :
15 minutes

Congélation :
4 à 5 heures

Consommation :
3 mois

Ces bâtonnets glacés légers vous rafraîchiront lors d'une chaude journée d'été ou après un repas thaï ou indien très épicé.

* 600 g *(1 lb 5 oz)* de chair de melon honeydew, épépinée et concassée
* 8 cuil. à soupe de miel liquide
* 1 cuil. à soupe de citronnelle très finement hachée
* 100 ml *(3½ fl oz)* de limonade fraîche
* 8 tiges de citronnelle

1. Mettre le melon, le miel et la citronnelle dans un robot de cuisine et mixer finement le tout. Ajouter la limonade et mixer de nouveau.

2. Verser le mélange dans 8 moules d'une contenance de 100 ml *(3½ fl oz)*. Insérer les tiges de citronnelle comme des bâtonnets *(voir page 8)* et mettre au congélateur 4 à 5 heures, jusqu'à ce que les glaces aient pris.

3. Pour démouler les glaces plus facilement, plonger d'abord les moules dans de l'eau chaude.

Sorbets pimentés au citron vert

Pour : 8 bâtonnets

Préparation : 15 minutes

Repos : 1 heure

Congélation : 5 à 6 heures

Consommation : 3 mois

Ces bâtonnets de sorbet vous donneront un petit coup de fouet grâce au piment qu'il contient. Vous pouvez réduire la quantité de piment utilisé à votre convenance.

* 100 g *(3½ oz)* de sucre en poudre
* 1 piment rouge, épépiné et très finement haché
* 400 ml *(14 fl oz)* d'eau
* 4 gros citrons verts
* 8 tranches de citron vert

1. Mettre le sucre, le piment et l'eau dans une casserole et chauffer 6 à 8 minutes à feu moyen à doux sans cesser de remuer, jusqu'à ce que le sucre soit dissous. Porter à ébullition à feu moyen à vif, puis retirer la casserole du feu.

2. Râper finement le zeste de 2 citrons verts, l'ajouter dans la casserole et mélanger. Couvrir et laisser refroidir complètement (environ 1 heure).

3. Presser le jus des 4 citrons et l'incorporer à la préparation.

4. Verser la préparation dans 8 moules d'une contenance de 60 ml *(2¼ fl oz)* et ajouter les rondelles de citron. Insérer les bâtonnets (*voir* page 8) et mettre au congélateur 5 à 6 heures, jusqu'à ce que les glaces aient pris.

5. Pour démouler les glaces plus facilement, plonger d'abord les moules dans de l'eau chaude.

Bâtonnets glacés pastèque-basilic

Pour : 8 bâtonnets

Préparation :
10 minutes

Congélation :
6 heures

Consommation :
3 mois

Aussi étonnante qu'elle puisse paraître, la combinaison du basilic et de la pastèque fonctionne à merveille, surtout dans cette recette glacée rafraîchissante.

* 500 g *(1 lb 2 oz)* de pastèque, épépinée et coupée en cubes
* 100 ml *(3½ fl oz)* de sirop de sucre *(voir page 6)*
* 1 cuil. à soupe de feuilles de basilic très finement hachées
* zeste très finement râpé de citron vert
* 16 petites feuilles de basilic frais

1. Mettre la pastèque, le sirop de sucre, le basilic haché et le zeste de citron vert dans un robot de cuisine et mixer jusqu'à obtention d'un mélange homogène et tacheté de vert.

2. Mettre 2 feuilles de basilic dans 8 moules d'une contenance de 80 ml *(2½ fl oz)*, ajouter le mélange à base de pastèque et insérer les bâtonnets *(voir page 8)*. Mettre au congélateur 6 heures, jusqu'à ce que les glaces aient bien pris.

3. Pour démouler les glaces plus facilement, plonger d'abord les moules dans de l'eau chaude.

Bâtonnets glacés prune-cannelle

Pour : 8 bâtonnets

Préparation :
15 minutes

Repos : 30 minutes

Congélation :
5 heures

Consommation :
3 mois

Ce mélange de prunes et d'épices explose en bouche, apportant avec lui les saveurs de la fin de l'été et la chaleur de la cannelle.

* 400 g *(14 oz)* de prunes, pelées, dénoyautées et émincées
* 1 cuil. à soupe de cannelle
* 1 pincée de clou de girofle
* 1 pincée d'anis étoilé
* 75 g *(2¾ oz)* de sucre en poudre
* 100 ml *(3½ fl oz)* d'eau
* jus d'une orange
* 8 bâtons de cannelle

1. Mettre les prunes, la cannelle, le clou de girofle en poudre, l'anis étoilé en poudre, le sucre et l'eau dans une casserole. Cuire 6 à 8 minutes à feu moyen à vif sans cesser de remuer, jusqu'à ce que le sucre soit dissous. Porter à ébullition à feu vif, puis laisser mijoter 4 à 5 minutes à feu moyen en remuant de temps en temps.

2. Transférer la préparation dans un robot de cuisine, ajouter le jus d'orange et mixer de façon à obtenir une purée homogène. Laisser refroidir.

3. Verser la préparation dans 8 moules d'une contenance de 50 ml *(1¾ fl oz)*, insérer les bâtons de cannelle *(voir page 8)* et mettre au congélateur 5 heures, jusqu'à ce que les glaces aient bien pris.

4. Pour démouler les glaces plus facilement, plonger d'abord les moules dans de l'eau chaude.

Bâtonnets glacés passion-coco

Pour : 8 bâtonnets

Préparation :
15 minutes

Repos : 1 heure

Congélation :
5 à 7 heures

Consommation :
3 mois

Les saveurs tropicales de l'ananas, du fruit de la passion et de la noix de coco s'associent naturellement dans cette recette rafraîchissante.

* jus et pulpe de 5 fruits de la passion (environ 150 ml – 5 fl oz)
* 250 ml (9 fl oz) de sirop de sucre (voir page 6)
* 100 g (3½ oz) d'ananas, haché
* 175 ml (6 fl oz) de crème de coco
* 150 ml (5 fl oz) de crème fraîche épaisse

1. Mettre le jus et la pulpe des fruits de la passion dans une petite casserole avec la moitié du sirop de sucre et porter à ébullition à feu moyen à vif. Retirer la casserole du feu et laisser refroidir complètement (environ 1 heure).

2. Verser la préparation dans 8 moules d'une contenance de 100 ml (3½ fl oz) et mettre au congélateur 2 à 3 heures, jusqu'à ce que la préparation ait bien pris.

3. Mettre l'ananas, la crème de coco, la crème fraîche et le sirop de sucre restant dans un robot de cuisine et mixer. Verser ce mélange dans les moules, insérer les bâtonnets (voir page 8) et mettre au congélateur 3 à 4 heures, jusqu'à ce que les glaces aient bien pris.

4. Pour démouler les glaces plus facilement, plonger d'abord les moules dans de l'eau chaude.

Tchaï glacé

Pour : 8 bâtonnets
Préparation :
15 minutes
Repos : 2 h 30
Congélation :
5 à 6 heures
Consommation :
3 mois

Parfumée d'épices orientales, cette boisson populaire fait un dessert glacé idéal, qui deviendra à coup sûr une des gourmandises préférées de la famille.

* 200 ml (*7 fl oz*) de lait
* 1 gousse d'anis étoilé
* 10 clous de girofle
* 3 bâtons de cannelle
* 10 grains de poivre blanc
* 6 gousses de cardamome, légèrement pilées
* 300 ml (*10 fl oz*) d'eau
* 2 cuil. à soupe de feuilles de thé noir
* 100 ml (*3½ fl oz*) de lait concentré sucré

1. Mettre le lait, l'anis étoilé, les clous de girofle, les bâtons de cannelle, le poivre blanc, les gousses de cardamome et l'eau dans une casserole. Porter à ébullition à feu moyen à vif sans cesser de remuer. Retirer du feu et laisser infuser 40 à 50 minutes.

2. Remettre la casserole sur le feu et porter à ébullition sans cesser de remuer. Ajouter les feuilles de thé, retirer la casserole du feu et bien mélanger. Laisser de nouveau infuser 10 à 15 minutes.

3. Filtrer la préparation et la verser dans un pichet. Incorporer le lait concentré et laisser refroidir.

4. Verser la préparation dans 8 moules d'une contenance de 100 ml (*3½ fl oz*). Insérer les bâtonnets (*voir page 8*) et mettre au congélateur 5 à 6 heures, jusqu'à ce que les glaces aient bien pris.

5. Pour démouler les glaces plus facilement, plonger d'abord les moules dans de l'eau chaude.

Crème glacée au cappuccino

Pour : 8 bâtonnets

Préparation : 15 minutes

Repos : 30 minutes

Congélation : 6 à 7 heures

Consommation : 3 mois

L'expresso parfume merveilleusement cette recette. Si le café soluble fonctionne également, la saveur des bâtonnets glacés sera pourtant moins intense.

* 150 ml *(5 fl oz)* de lait concentré sucré
* 100 ml *(3½ fl oz)* de crème fraîche épaisse
* 600 ml *(1 pint)* d'expresso, à température ambiante
* 1 cuil. à soupe de cacao

1. Mettre 50 ml *(1¾ fl oz)* de lait concentré et la crème fraîche dans un pichet et battre jusqu'à ce que le mélange épaississe légèrement.

2. Verser le mélange dans 8 moules d'une contenance de 100 ml *(3½ fl oz)* et mettre au congélateur 2 heures, jusqu'à ce que le mélange soit glacé.

3. Pendant ce temps, battre le lait concentré restant avec le café et le cacao en poudre. Laisser refroidir complètement.

4. Verser ce mélange dans les moules, insérer les bâtonnets *(voir* page 8) et mettre au congélateur 4 à 5 heures, jusqu'à ce que les glaces aient pris.

5. Pour démouler les glaces plus facilement, plonger d'abord les moules dans de l'eau chaude.

Alcoolisés

PLUS DE
18
ANS

Bâtonnets glacés à la margarita

Pour : 8 bâtonnets
Préparation : 10 minutes
Congélation : 6 à 8 heures
Consommation : 3 mois

Aussi fruités qu'alcoolisés, ces bâtonnets glacés ajouteront une note mexicaine appréciée à toutes vos fêtes.

* 500 g *(1 lb 2 oz)* de fraises, équeutées et hachées
* 100 ml *(3½ fl oz)* de sirop de sucre *(voir* page 6)
* jus et zeste finement râpé d'un citron vert
* 2 cuil. à soupe de tequila
* 1 cuil. à soupe de cointreau
* 1 pincée de sel
* 150 ml *(5 fl oz)* d'eau
* 25 g *(1 oz)* de sucre en poudre

1. Mettre tous les ingrédients à l'exception du sucre dans un robot de cuisine et mixer jusqu'à obtention d'une consistance lisse.

2. Verser ce mélange dans 8 moules d'une contenance de 80 ml *(2½ fl oz)*, insérer les bâtonnets *(voir* page 8) et mettre au congélateur 6 à 8 heures, jusqu'à ce que les glaces aient bien pris.

3. Pour démouler les glaces plus facilement, plonger d'abord les moules dans de l'eau chaude.

4. Pour servir, passer les glaces dans le sucre en poudre de façon à les en enrober uniformément.

Bâtonnets glacés à la liqueur de pêche

Pour : 8 bâtonnets
Préparation :
15 minutes
Congélation :
8 à 10 heures
Consommation :
3 mois

Après avoir goûté à ces saveurs italiennes, vos invités ne pourront qu'en redemander. Pensez à choisir des pêches bien mûres et juteuses.

* 2 pêches mûres, pelées, dénoyautées et coupées en dés
* 2 cuil. à soupe de liqueur de pêche
* 300 ml (*10 fl oz*) de prosecco
* 250 ml (*9 fl oz*) de sirop de sucre (*voir* page 6)

1. Répartir les dés de pêches dans 8 moules ou flûtes à champagne en plastique d'une contenance de 60 ml (*2¼ fl oz*).

2. Mettre la liqueur de pêche, le prosecco et le sirop de sucre dans un pichet et bien mélanger.

3. Verser ce mélange dans les moules ou les flûtes en plastique, insérer les bâtonnets (*voir* page 8) et mettre au congélateur 8 à 10 heures, jusqu'à ce que les glaces aient bien pris.

4. Pour démouler les glaces plus facilement, mettre les moules ou les flûtes quelques secondes dans un torchon imbibé d'eau chaude.

Bâtonnets glacés au martini

Pour : 8 bâtonnets
Préparation :
15 minutes
Congélation :
8 à 10 heures
Consommation :
3 mois

Voici une véritable gourmandise estivale ! La pomme et le citron se marient à la perfection au martini.

* 400 ml *(14 fl oz)* de jus de pomme
* 100 ml *(3½ fl oz)* de sirop de sucre (*voir* page 6)
* zeste finement râpé d'un citron vert
* 3 cuil. à soupe de gin
* 1 cuil. à soupe de vermouth sec
* 8 très fines lamelles d'une petite pomme

1. Mettre tous les ingrédients à l'exception des lamelles de pomme dans un pichet et bien mélanger.

2. Verser ce mélange dans 8 moules ou verres à martini en plastique d'une contenance de 80 ml *(2½ fl oz)*. Ajouter une lamelle de pomme dans chaque moule ou verre en plastique, insérer les bâtonnets ou des agitateurs en plastique (*voir* page 8) et mettre au congélateur 8 à 10 heures, jusqu'à ce que les glaces aient bien pris.

3. Pour démouler les glaces plus facilement, mettre les moules ou les verres quelques secondes dans un torchon imbibé d'eau chaude.

Bâtonnets glacés au mojito

Pour : 8 bâtonnets

Préparation :
15 minutes

Congélation :
10 à 12 heures

Consommation :
3 mois

Avec ces « cocktails sur bâtonnets », vous ne risquez plus de confondre votre verre avec celui de vos invités ! Si vous préparez cette recette pour des enfants, omettez bien sûr le rhum !

* jus de 6 citrons verts
* 600 ml (1 pint) d'eau gazeuse bien fraîche
* 50 g (1¾ oz) de feuilles de menthe fraîche
* 3 citrons verts, coupés en quartiers
* 100 g (3½ oz) de sucre en poudre
* 2 cuil. à soupe de rhum blanc

1. Mettre le jus de citron vert et l'eau gazeuse dans un pichet et bien mélanger.

2. Incorporer les feuilles de menthe, les quartiers de citron vert, le sucre et le rhum. À l'aide d'un pilon ou d'une grosse cuillère en bois, écraser tous les ingrédients ensemble de façon à bien les mélanger.

3. Verser ce mélange dans 8 moules d'une contenance de 100 ml (3½ fl oz). Veiller à répartir les feuilles de menthe et les quartiers de citron équitablement dans les moules. Insérer les bâtonnets (voir page 8) et mettre au congélateur 10 à 12 heures, jusqu'à ce que les glaces aient bien pris.

4. Pour démouler les glaces plus facilement, plonger d'abord les moules dans de l'eau chaude.

Bâtonnets glacés
à la piña colada

Pour : 8 bâtonnets
Préparation :
15 minutes
Congélation :
6 à 8 heures
Consommation :
3 mois

La combinaison rafraîchissante d'ananas, de noix de coco et de rhum ravira vos convives. Élégants et irrésistibles, ces bâtonnets glacés vous aideront à lutter contre la chaleur.

* 600 g *(1 lb 5 oz)* de chair d'ananas, hachée
* 200 ml *(7 fl oz)* de lait de coco
* 6 cuil. à soupe de sucre en poudre
* 2 cuil. à soupe de Malibu

1. Répartir 8 cuillerées à soupe d'ananas haché dans 8 moules d'une contenance de 100 ml *(3½ fl oz)*.

2. Mettre l'ananas haché restant dans un robot de cuisine avec le lait de coco, le sucre et le Malibu, et mixer jusqu'à obtention d'une consistance homogène.

3. Transférer le mélange dans un tamis métallique et presser pour en extraire tout le jus. Jeter le contenu solide resté dans le tamis. Verser le jus récupéré dans les moules, insérer les bâtonnets *(voir page 8)* et mettre au congélateur 6 à 8 heures, jusqu'à ce que les glaces aient bien pris.

4. Pour démouler les glaces plus facilement, mettre les moules quelques secondes dans un torchon imbibé d'eau chaude.

Bâtonnets glacés au gin tonic

Pour : 8 bâtonnets

Préparation :
10 minutes

Congélation :
8 à 10 heures

Consommation :
3 mois

Ces bâtonnets glacés rafraîchissants réservés aux adultes sont à servir les jours de grandes chaleurs, à l'heure de l'apéritif de préférence.

* 250 ml *(9 fl oz)* de sirop de sucre *(voir* page 6)
* 2 cuil. à soupe de gin
* 400 ml *(14 fl oz)* de tonique
* jus d'un citron vert
* 16 très fines tranches d'un petit concombre

1. Mettre le sirop de sucre, le gin, le tonique et le jus de citron vert dans un pichet et bien mélanger.

2. Verser ce mélange dans 8 moules d'une contenance de 80 ml *(2½ fl oz)*. Plonger 2 tranches de concombre dans chaque moule, insérer les bâtonnets *(voir* page 8) et mettre au congélateur 6 à 8 heures, jusqu'à ce que les glaces aient bien pris.

3. Pour démouler les glaces plus facilement, plonger d'abord les moules dans de l'eau chaude.

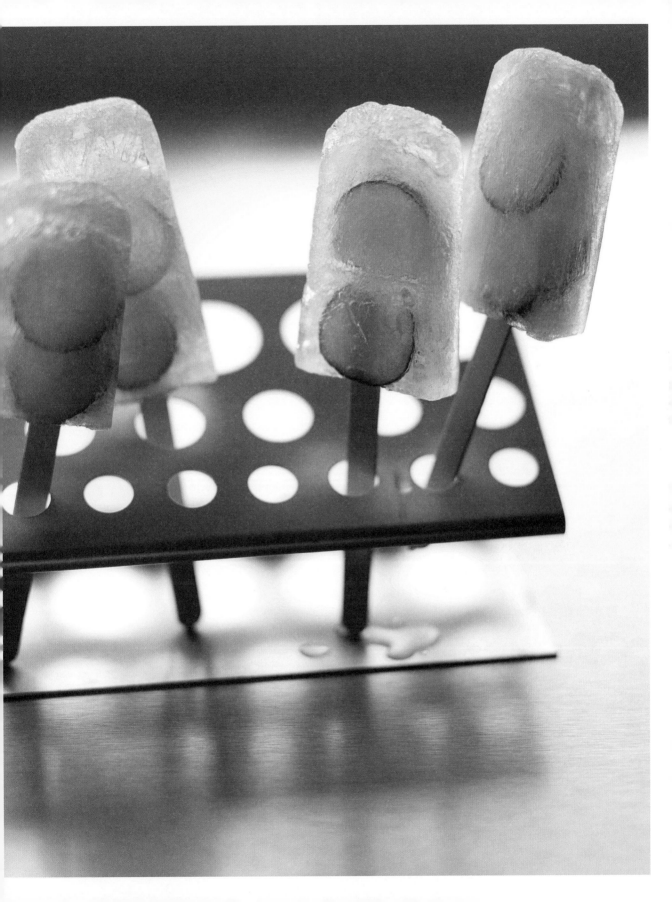

Bâtonnets glacés au cosmopolitan

Pour : 8 bâtonnets

Préparation :
10 minutes

Congélation :
8 à 10 heures

Consommation :
3 mois

Servez ces gourmandises colorées et légèrement alcoolisées pour clore un long repas dominical. Sortez-les du congélateur à la dernière minute et disposez-les dans un seau à glace.

* 250 ml *(9 fl oz)* de sirop de sucre (*voir* page 6)
* 500 ml *(18 fl oz)* de jus de cranberry
* 2 cuil. à soupe de vodka
* 1 cuil. à soupe de Cointreau
* jus d'un citron vert
* zeste finement râpé d'une clémentine

1. Mettre tous les ingrédients dans un pichet et bien mélanger.

2. Verser ce mélange dans 8 moules d'une contenance de 100 ml *(3½ fl oz)*. Insérer les bâtonnets (*voir* page 8) et mettre au congélateur 8 à 10 heures, jusqu'à ce que les glaces aient bien pris.

3. Pour démouler les glaces plus facilement, plonger d'abord les moules dans de l'eau chaude.

Bâtonnets glacés façon black russian

Pour : 8 bâtonnets
Préparation :
10 minutes
Congélation :
8 à 10 heures
Consommation :
3 mois ; 24 heures
avec des shots
en verre

Ces bâtonnets glacés gourmands et alcoolisés feront merveille à la fin d'un repas, un soir d'été.

* 1 cuil. à soupe de Kahlua ou de Tia Maria
* 500 ml *(18 fl oz)* de cola
* 2 cuil. à soupe de vodka

1. Mettre tous les ingrédients dans un pichet et bien mélanger.

2. Verser ce mélange dans 8 moules d'une contenance de 50 ml *(1¾ fl oz)* ou dans des verres à shot épais. Insérer les bâtonnets *(voir* page 8) et mettre au congélateur 8 à 10 heures, jusqu'à ce que les glaces aient bien pris.

3. Pour démouler les glaces plus facilement, mettre les moules ou les verres quelques secondes dans un torchon imbibé d'eau chaude.

Index